Curiosidades

que no te contarán en la escuela...

Volcanes

Arelis A. Diaz

Dear *Jk.* el miedo al cambio es una
fantasía. Cambia, por siempre.

ISBN-13: 978-1501000409
ISBN-10: 1501000403
CreateSpace Independent Publishing Platform, North
Charleston, SC

Contenidos

Superficie Volcánica

Los volcanes nacen cuando rocas fundidas que se forman en el interior del planeta encuentran grietas en la corteza terrestre y salen a la superficie. Aunque algunas veces parece un proceso destructivo, no lo es.

En este libro descubrirás por qué son importantes los volcanes y cómo contribuyen para que la vida en nuestro planeta continúe.

Grietas en la corteza...

La corteza terrestre está dividida en varias piezas llamadas placas tectónicas. Estas placas están en constante movimiento, se separan y también chocan entre sí.

Cuando dos o más placas se separan, dejan un espacio o grieta por donde materiales desde el interior de la Tierra suben. Estos materiales se van acumulando y crean nuevos suelos.

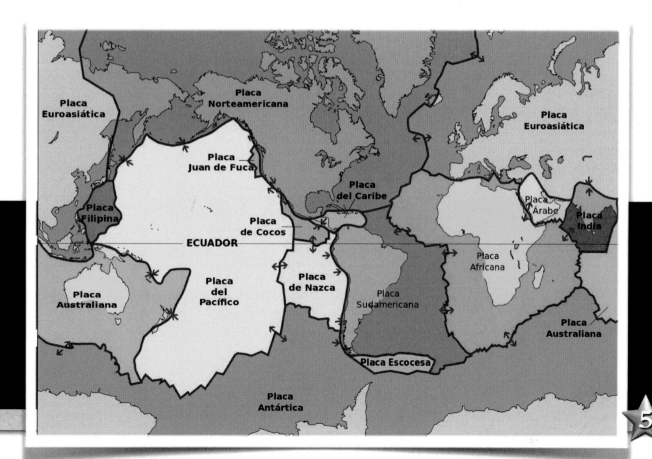

El diámetro de la Tierra no puede crecer para acomodar más superficie.

Por eso, cuando en un área de la Tierra se están creando nuevos suelos, en otra área, la superficie que ya existía debe desaparecer...

Eso es lo que ocurre cuando dos placas chocan. Una de las placas desaparece o se "hunde" bajo la otra placa.

Nuevos suelos

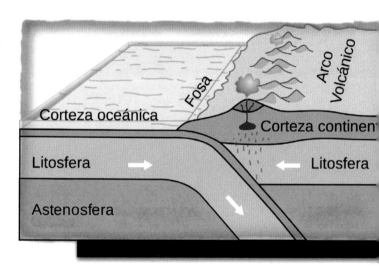

La mayoría de volcanes en nuestro planeta se encuentran en áreas donde las placas tectónicas se unen o separan.

Los volcanes que nacen de la separación de placas son más tranquilos. Sus erupciones tienden a ser constantes y poco explosivas.

Mientras tanto, los volcanes que nacen donde dos placas chocan, son explosivos y sus erupciones ocurren con menor frecuencia.

Anillo de Fuego

El *Anillo de Fuego del Pacífico* es un conjunto de fronteras de placas tectónicas que recorren todo el océano Pacífico, desde las costas de Asía, hasta las costas de América.

En esta región se concentran 452 volcanes. Eso representa el 75% del total de volcanes continentales del mundo.

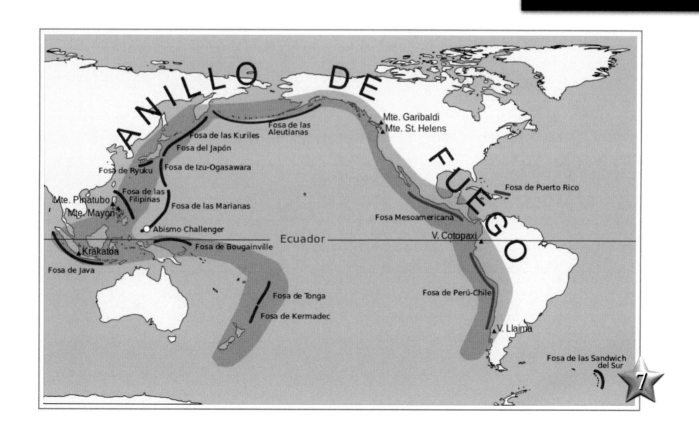

Descubre las partes de un volcán

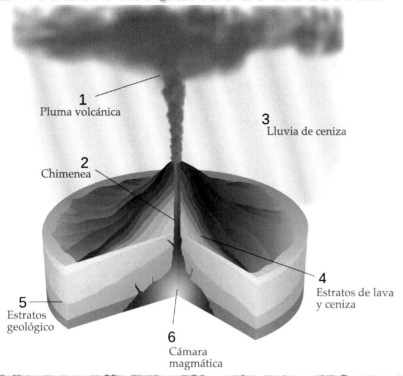

1 Pluma volcánica

3 Lluvia de ceniza

2 Chimenea

4 Estratos de lava y ceniza

5 Estratos geológico

6 Cámara magmática

Cámara magmática

Es el lugar donde se acumula el magma antes de salir. Por lo general es una cavidad subterránea sin forma determinada y que puede estar a diferentes profundidades.

Chimenea volcánica

Es un conducto que comunica la cámara magmática, con la superficie. Por lo general, este conducto crece a medida que las erupciones van expulsando lava. La lava que se va acumulando alrededor de la chimenea forma el cono volcánico.

Cono volcánico

Montaña o colina que presenta una estructura formada a partir de la acumulación de material volcánico.

Cráter Volcánico

Es la abertura o boca de erupción. Se encuentra ubicado generalmente en la cima del volcán.

Magma

Mezcla de roca fundida y gases, almacenado a pocos kilómetros bajo la superficie. Al salir a la superficie terrestre se transforma en lo que llamamos lava y otras emisiones volcánicas.

Caldera

Volcán Pinatubo

Cuando los cráteres son muy grandes, cambian de nombre y se llaman: **Calderas**.

Por lo general, las calderas se forman por el derrumbe del cono volcánico. Esto ocurre cuando las erupciones son de gran volumen.

Por ejemplo, durante una erupción explosiva, la cámara magmática expulsa todo su contenido, se vacía y colapsa, dando origen a la caldera.

BOMBA VOLCÁNICA

Es una roca en estado semi-líquido, que sale disparada de la boca de un volcán en erupción. Algunas son de gran tamaño y representan un grave peligro ya que pueden causar daños por impacto, quemadura e incendio en la zona de la erupción y sus proximidades.

AVALANCHA VOLCÁNICA ~ LAHAR

Avalancha causada por la erupción del monte St. Helens en 1980.

Deslizamiento de materiales volcánicos que viajan rápidamente por la fuerza de la gravedad. Por lo general contienen agua, hielo, rocas, lodo y sedimentos.

Salida de Emergencia

¿Qué es un volcán?

Un volcán es una **salida de emergencia** que conecta el interior del planeta con la superficie donde vivimos.

En el interior de la Tierra se producen gases y materiales que se van acumulando debajo de la superficie. Cuando no hay suficiente espacio para estos materiales, los volcanes funcionan como tubos de escape por donde sale roca fundida, escombros y gases.

Los materiales que son expulsados hacia la superficie se enfrían al salir y se acumulan formando una colina o montaña.

Esas colinas o montañas son lo que llamamos: Volcanes. Pero en realidad, un volcán no es solamente eso...

La verdad acerca de los Volcanes

¿Sabías que hay volcanes invisibles?

Al escuchar la palabra Volcán, pensamos en enormes montañas capaces de expulsar lava ardiente. Sin embargo, no todos los volcanes tienen forma de cono y no todos son montañas.

Cualquier grieta o hueco en la corteza, por el cual salga expulsado el magma terrestre, **es considerado un volcán.**

Al salir a la superficie, el magma se divide en **lava, gases y materiales semi-sólidos.** Si la lava se enfría alrededor de la grieta por donde salió, se formará un cono. Así nacieron volcanes como el Cotopaxi en Ecuador.

Sin embargo, cuando las erupciones son muy grandes o la lava no es muy espesa, los volcanes pueden tener formas muy diferentes...

Hay volcanes tan grandes que no se ven...

Miles de años atrás, cuando la Tierra era un planeta más caliente, las erupciones eran muy grandes y violentas.

De esas erupciones se formaron los **Supervolcanes**.

Algunos de estos volcanes son tan grandes, que dentro de sus calderas hay ríos, valles y hasta montañas.

Caldera Yellowstone

Considerado el supervolcán más grande del continente americano

El volcán que se observa en esta foto es enorme... ¿Lo ves?

supervolcanes

Los supervolcanes o megacalderas, como la **caldera de Yellowstone**, son inmensos cráteres que por su gran tamaño son difíciles de reconocer.

La caldera de Yellowstone, por ejemplo, se encuentra cubierta por una vasta vegetación.

¿Observaste la foto de la caldera en la página anterior? Como te darás cuenta, es tan grande que parece un valle rodeado de montañas.

Yellowstone es el parque natural más visitado en los Estados Unidos. Por lo general, los visitantes no se dan cuenta que se encuentran parados sobre un volcán; menos aún, sobre el tipo de volcán más peligroso que existe... ¡Un **Supervolcán!**

Cerro Machín

Los supervolcanes no son los únicos gigantes.

Cerro Machín se confunde con el paisaje debido a su gran tamaño. A pesar de ser el volcán de menos altura en Colombia, su cráter es tan grande que contiene pequeñas montañas en su interior llamadas domos volcánicos.

Es un volcán activo y muy explosivo.

Su última erupción ocurrió hace 850 años y de repetirse podría afectar a más de un millón de personas. Por eso, es considerado el segundo volcán más peligroso del mundo.

Algunos volcanes son planos...

Hay volcanes muy importantes que no se parecen en nada a una montaña. Los volcanes de fisura, por ejemplo, no tienen un cráter. Son grietas largas en el suelo por donde sale lava.

Al salir, la lava se riega formando lagos o ríos que cubren todo a su alrededor. Cuando la lava se enfría, la superficie permanece plana o de baja altura.

Fisura Laki

Responsable de la peor erupción en la historia de Islandia

Laki es una grieta de 27 Kilómetros de largo. Su erupción, en el año 1783, es considerada la más catastrófica en la historia de Islandia y la sexta peor erupción a nivel mundial.

Durante 7 meses, lava y gases provenientes de esta fisura volcánica, destruyeron los animales de la región causando escasez de alimentos en Islandia. El clima en países de Asia y Europa sufrió fuertes cambios debido a las nubes de ceniza. Los cambios se sintieron incluso en Estados Unidos, donde el invierno fue más largo y frío durante ese año.

Los volcanes pueden desaparecer...

Ciertas explosiones destruyen al volcán en erupción.

Si el cono volcánico se rompe, queda en su lugar una gran caldera. Cuando esto ocurre decimos que la caldera *colapsó*.

Yellowstone es una caldera que colapsó. Las islas de Santorini y Krakatoa, también lo son.

Caldera Santorini

¿Era Santorini la ciudad perdida de Atlántida?

Vista de la caldera Santorini desde las casas construidas en su borde.

El mundo perdido de los Minoicos

Grecia

Santorini ▶

¿Reconoces la forma de la caldera en el mapa de Santorini?
En el centro de esa enorme caldera existía otra isla: Thera.

La civilización más antigua de Europa fue una cultura grandiosa, muy avanzada y organizada. Un conjunto de países en medio de las aguas donde los edificios eran de hasta tres pisos, el palacio del rey tenia 1500 habitaciones, los baños contaban con tuberías, agua caliente y hasta inodoros.

Los hombres y mujeres de esta civilización vivían muy bien y en abundancia. Tenían barcos y puertos, eran comerciantes poderosos. En su cultura existían muchos dioses para los cuales construyeron templos hermosos.

Sin embargo, hace 3.500 años atrás, ese mundo espléndido, desapareció.

Esta es la historia de los Minoicos, una civilización perdida bajo las cenizas del volcán de Thera.

Hace 2500 años, la segunda erupción más grande de la antigüedad, se tragó a la ciudad de Thera. La ciudad más importante para el pueblo Minoico quedó destrozada en miles de pedazos...

Todo empezó con varios terremotos que alertaron a la población de que algo ocurría bajo sus pies. Probablemente, los Minoicos no pensaron que vivían sobre la caldera de un supervolcán. Una segunda señal de alerta llegó cuando cenizas cayeron sobre las ciudades cercanas al volcán. Este era el aviso inminente de que una erupción ocurriría pronto... ¡Y así fue!

Ruinas de la civilización Minoica

Durante cuatro días, el volcán de Thera lanzó tantas cenizas y lava, que la corteza bajo la isla se quebró. El hundimiento de la isla de Thera provocó grandes olas llamadas tsunamis que llegaron hasta las costas de otras ciudades Minoicas, destruyendo puertos y edificios. El cielo se cubrió de una nube espesa de gas volcánico que cambió el clima durante meses. Gran destrucción llegó al mundo de los Minoicos. Todos esos cambios repentinos causaron caos y confusión.

Se piensa que la erupción no tomó a todos los Minoicos por sorpresa y que muchos pudieron escapar. Sin embargo, los Minoicos que sobrevivieron, no pudieron reorganizar su civilización. Mil años después de la gran erupción de Thera, la civilización Minoica desapareció debido al caos que nació de un evento que ellos no comprendían.

La falta de conocimientos acerca de las causas y mecanismos de los volcanes, generó incertidumbre entre los Minoicos destruyendo aquello en lo que creían. Esa fue la peor consecuencia de una de las erupciones más grandes de los últimos 10.000 años.

Es importante entender lo que ocurrió con la civilización Minoica para poder proteger nuestra propia civilización. El estudio de los volcanes nos permite comprender nuestro planeta y los cambios que en él ocurren.

Algunas personas piensan que la leyenda de la ciudad perdida de Atlántida relata los hechos ocurridos en Thera. Nadie sabe con certeza si esto es cierto, pero arqueólogos, geólogos y otros científicos del mundo entero, buscan respuestas a este misterio.

La mayoría de erupciones ocurren bajo el agua...

El 75% de las erupciones ocurren en el fondo de mares y océanos.

Como consecuencia, son muchos los volcanes que nacen en el fondo oceánico. Un ejemplo, es el Monte Etna en Italia.

En sus inicios, Etna fue un volcán submarino. Con el paso del tiempo, salió a la superficie debido a la gran cantidad de lava que se acumuló creando el cono volcánico que puedes observar en la foto.

Etna

Considerado el volcán activo más alto en Europa

Lo más peligroso no es la lava...

Las emisiones volcánicas son el conjunto de materiales expulsados por un volcán. Las emisiones se forman de lava, calor, gases y rocas.

Las corrientes de lava son calientes y queman todo a su paso. Los gases son tóxicos y pueden crear cambios en el clima. Ambos son muy peligrosos. Sin embargo, los sedimentos son los que causan la mayor cantidad de destrucción.

Cuando un nevado entra en erupción, ríos de lodo procedentes de la nieve derretida entierran poblaciones enteras. Rocas, ceniza y otros elementos son arrastrados a gran velocidad formando avalanchas volcánicas.

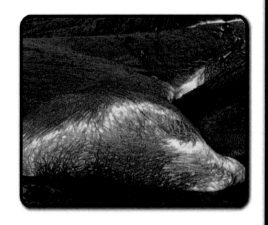

¿Sabías que los volcanes son importantes para la vida?

Los volcanes aportan enormes beneficios al hombre. A pesar de la destrucción que pueden provocar, los volcanes son necesarios para nuestro planeta y los seres que lo habitamos.

Las erupciones volcánicas sirven para **liberar el calor y la presión** que se acumulan bajo la superficie poco a poco. Sin los volcanes, la energía creada en el centro de la Tierra, actuaría como una bomba de tiempo destruyéndolo todo.

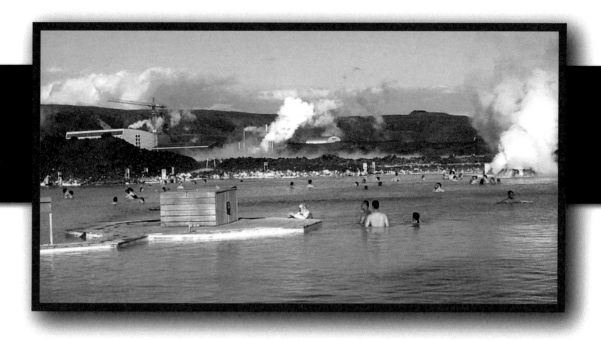

Los volcanes **crean nuevas superficies y promueven la vida** en ellas. Los suelos que se crean de erupciones atraen formas de vida animal y vegetal que utilizan los materiales volcánicos como nutrientes.

Además, **la ceniza y lava volcánica benefician la agricultura.** Los suelos volcánicos son ricos en minerales que alimentan la tierra haciéndola muy fértil. Lo mismo ocurre en el suelo marino, donde algas y otras especies dependen de las emisiones volcánicas para sobrevivir.

Los manantiales volcánicos, llamados también aguas termales, son utilizados como **baños medicinales** por personas que desean mejorar su salud. Estos manantiales deben sus propiedades curativas a la gran cantidad de minerales disueltos en ellos.

Los volcanes de gran altura, **atrapan la humedad** y la convierten en glaciares. Así se originan lagos y cuencas de ríos que se transforman en fuentes de agua para el consumo y la industria.

Los volcanes activos también son una importante fuente de **energía termal**. Esta energía es limpia y renovable. Lo que quiere decir que ayuda a nuestro planeta y no destruye el medio ambiente.

Por último, gracias a los volcanes, la atmósfera terrestre es rica en gases necesarios para sostener la vida y **transformar el clima**.

¡Volcanes fuera de este mundo!

Los volcanes se pueden encontrar en la Tierra así como en otros planetas y satélites. Monte Olimpo es el volcán más grande del sistema solar y se encuentra en Marte. Este volcán inactivo es tres veces más alto que nuestro Monte Everest.

Existen otros volcanes extraterrestres que continúan en actividad. Algunos de estos volcanes están formados de materiales que consideramos "fríos" y por eso los llamamos: **criovolcanes**.

Criovolcanes

En lugar de lava, estos volcanes expulsan agua, amoníaco o metano. Estas sustancias generalmente líquidas se llaman criomagma y al salir a la superficie congelan todo a su paso debido a las bajas temperaturas del espacio.

Los **criovolcanes** se forman en satélites y planetas helados. Científicos han observado criovolcanes en las lunas de Neptuno, Júpiter, Urano y Saturno.

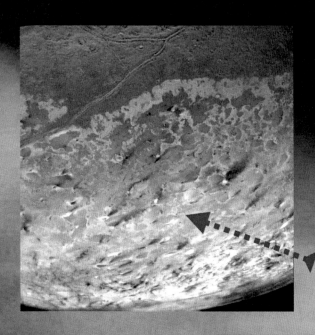

Surcos a lo largo de la superficie de Tritón los cuales se cree son producto de los géiseres de nitrógeno.

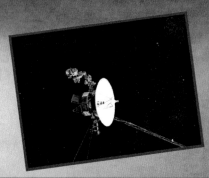

Los primeros criovolcanes descubiertos fueron los del satélite Triton de Neptuno, durante el paso del Voyager 2 en 1989.

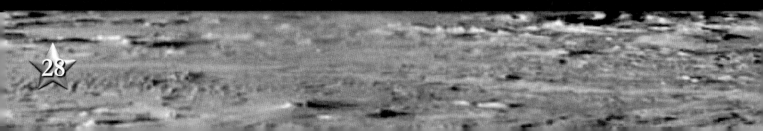

Este titán se llama *Monte Olimpo* y es ¡enorme!

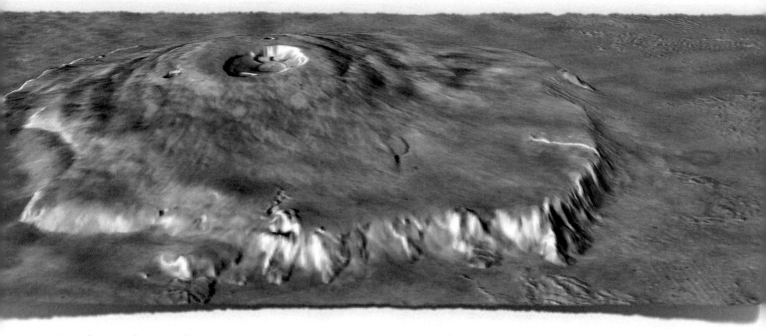

Si algún día pudieras visitar su cima, te encontrarías una caldera de 80km de ancho y 3km de profundidad.

Te sorprenderías al descubrir que la base de este volcán va más allá del horizonte.   Con una superficie de 283.000 km2, su base es tan grande como el Ecuador en América del Sur.

De pie frente a este volcán, pensarías que estás mirando una enorme pared y nunca reconocerías la forma del volcán.

Así de grande es el Monte Olimpo y por suerte se encuentra fuera de este mundo...

El volcán más grande que se conoce es ¡marciano!

Curiosidades

El Monte Olimpo en Marte, tiene 27 kilómetros de elevación. ¿Sabes cuánto es eso?…¡muchísimo!

Busca un avión que esté volando en el cielo, vuelan muy alto, ¿no te parece? Quizás para nosotros es alto, pero para el Monte Olimpo, no lo es…

Junto a este volcán, ese avión llegaría sólo a la mitad del cono volcánico. Eso quiere decir, que la cima de este volcán, está al doble de altura a la que vuelan los aviones de pasajeros.

Este es el Monte Tambora su erupción del 10 de abril de 1815 es considerada la peor en la historia. La erupción provocó cambios climáticos y un fenómeno conocido como: invierno volcánico. Por eso, 1816 se conoció como el año sin verano. Los efectos sobre el clima de Europa y América del Norte afectaron las cosechas y el ganado causando el hambre y la muerte de muchas personas.

Este volcán está en Indonesia y continúa activo.

Curiosidades

Puedes comprar un pedacito de Lava en el Supermercado...

Conocida comúnmente como piedra pómez, la **Pumita**, es una roca de origen volcánico que se parece a una esponja. Es porosa, muy ligera y flota en el agua!

La **Pumita** es lava que se enfrió rápidamente al salir expulsada durante una erupción. Esta roca se usa frecuentemente en salones de belleza para remover el exceso de piel de los pies. ¡Quizás tengas una en casa! pero si no, siempre puedes conseguir una en la farmacia o el supermercado.

Si la encuentras, te reto a que la hundas bajo el agua...

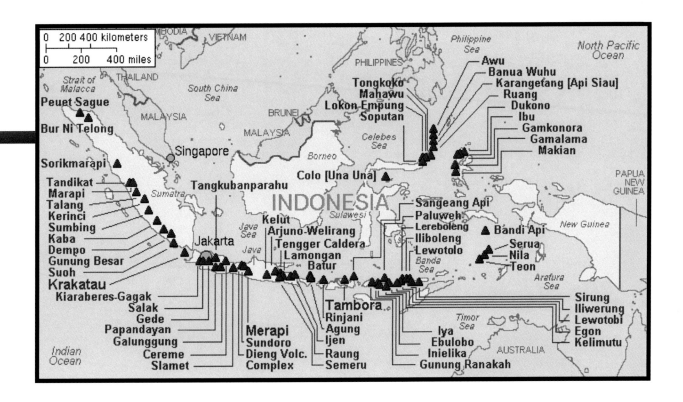

Indonesia es el país con la mayor cantidad de volcanes activos del planeta: ¡127 volcanes en total!

La caldera más grande del mundo es *"La Garita"* en Colorado, Estados Unidos.

¿Encontraste el monte Tambora en el mapa?

Curiosidades

Archipiélago

Un archipiélago es un grupo de islas, islotes y otras masas de tierra pequeñas.

Varios archipiélagos alrededor del mundo se han formado por erupciones volcánicas que ocurren en las profundidades de los océanos.

Las zonas azules del mapa muestran los principales archipiélagos del mundo.

Observa el tamaño y la extensión de Indonesia. ¿Por qué piensas que Indonesia es uno de los archipiélagos más grandes del mundo?

No todos los volcanes se encuentran en los bordes de las placas tectónicas. Algunos muy importantes están en medio de las placas continentales y algunos otros, como los ubicados en el archipiélago de Hawaii, están en medio de la placa oceánica. Los puntos en los cuales se forman estos volcanes se llaman: Hot-Spots o Puntos Calientes.

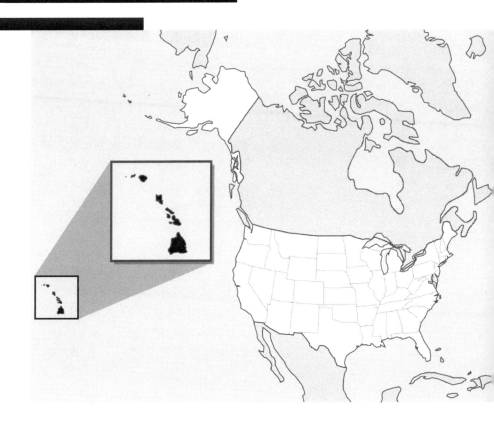

El archipiélago de Hawaii

Durante 85 millones de años, el punto caliente de Hawáii ha creado al menos ¡129 volcanes! El conjunto de estos volcanes forma la cadena de montes submarinos Hawái-Emperador, una cadena de volcanes de más de 5800 km de longitud. Es por eso que Hawáii es una de las zonas geológicas más conocidas y estudiadas del mundo.

¿Te gustan nuestros libros?

¿Tienes ideas que quieres compartir con nosotros? Ayúdanos a crear más y mejores libros para tí compartiendo tu opinión. Envíanos un email a Leo.Rompecocos@gmail.com Gracias por leer nuestros libros. ¡Hasta la próxima!

¡Sigue explorando con nosotros!

BigBang Rompecocos
El Origen del Universo para Mentes Curiosas
Interactivo
Arelis A. Diaz

Planeta en Movimiento
Arelis A. Diaz
Volcanes
LIBRO INTERACTIVO DE CIENCIA PARA NIÑOS

¡Diviértete con videos, actividades y más datos curiosos sobre los volcanes del mundo! Descubre nuestros libros interactivos disponibles para iPad y Mac en **iBooks**.

Consíguelo en iBooks

Quiz

Completa el espacio en blanco:

.... **Laki**

¿Qué recuerdas de este volcán?

Nombre:

País:

Nombra las siguientes emisiones volcánicas:

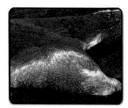  

¿Cuál de estas emisiones volcánicas causa mayor daño a las poblaciones cercanas a un volcán?

¿Dónde se encuentra el Anillo de Fuego?

¿Es el país dónde vives parte del Anillo de Fuego?

El volcán más grande que conocemos se llama:

¿Qué es más grande, un cráter o una caldera?

Volcán Pinatubo

¿Me creerías si te digo que estás vacío?

Descubre...

¿De qué están hechos los seres humanos? ¿Qué ayuda a que nuestros huesos sean flexibles? ¿Cuáles son las partes más pequeñas de nuestro cuerpo? y mucho más...

Consíguelo en iBooks

¡Estás Vacío! RompecoCos

El Cuerpo Humano para Mentes Curiosas

Arelis A. Díaz

Interactivo

Made in the USA
Monee, IL
02 April 2020